JN430458

내겐 너무 많은 그녀들

안유경 시집

문학의전당 시인선

402

내겐 너무 많은 그녀들

안유경 시집

문학의전당

시인의 말

꿈은
밤이 되면 다시 살아난다.

입 밖으로 나오지 않는 말을 듣고
반가운 사람들이 찾아온다.

거울을 보면
늙어 가는 게 다행이라는 생각이 든다.

2025년 11월
안유경

차례

시인의 말

제1부

제2부

제3부

제4부

제1부

나의 국숫집

가게 앞에 빨간 우체통 하나 세워놓고
국숫집을 하고 싶다

푸른 바다가 보이는 한적한 곳에
사방이 뚫린
포장마차 하나 지어놓고
주머니 가벼운 사람도 함부로 드나들 수 있는

멸칫국물 가득한 가마솥 걸고
구수한 사투리와
조금은 짓궂은 농을 고명으로 올려
커다란 대접에 양껏 담아주는

깡통 하나 천장에 매달아 놓고
삐뚤거리는 손 글씨로
한 그릇에 천 원이라고 써 놓은
그런 국숫집을 하고 싶다

낮달

통화할 수 있느냐고 문자를 보냈어

지나간 일들은 기억하지 않으려고 휘파람을 불었지

누군가 얼굴에 그늘이 졌다고
숨을 몰아서 쉬는 걸 보면 알 수 있다고 말했어

암막 커튼을 쳤는데도 빛은 들어왔지
어둠 속에서 안녕할 거라고 차라리 안심했어

한낮의 유리창에 가만히 손을 대어
빛의 온기를 재 봤지

온종일 빛들을 따라가다 보면
활짝 피었다가 급히 떨어지고야 마는 들꽃 그늘을 보게 될
지도 몰라

문자가 왔어

통화할 시간은 있는데 할 말이 없다는 거야

낮달을 보고 삽살개가 컹컹 짖었어

개집 앞에 밥그릇은 바짝 말라 있고
물그릇은 하루살이들이 빠져 있고

오후의 일들이 지나가고 있었지

가을볕 아래

아침 7시
고물상 김 씨가 걸어가네
오늘도 빨간 모자를 쓰고 걸어가네
남의 집 울타리 넘어가는 고양이처럼
살금살금 걸어가네

오후 1시
김 씨가 빨간 모자를 쓰고 포클레인에 올라앉아 있네
커다란 종이상자들이 버킷에 매달려 있네
무쇠솥이 떨어지는 소리가 들리네
플라스틱 통들이 덜그럭거리는 소리가 들리네

저녁 5시
고개를 푹 숙인 김 씨가 걸어가네
땅만 보고 걸어가네
얼굴은 보이지 않고 빨간 모자만 보이네

파란 담장을 지나는 김 씨가

하루 종일 우산을 들고 걸어 다니는

좀머씨*처럼 보이네

---

*파트리크 쥐스킨트의 『좀머씨 이야기』에 등장하는, 말없이 비가 오나 눈이 오나
마을과 주변을 쉼 없이 걷는 중년 남성.

깜빠뉴*가 있는 풍경

오븐 속에서 빵들이 부풀고 있다

구운 빵을 썰면
수많은 반점들이 보인다

오후의 볕은 건포도 무화과 호두가 있는
가장 빛나는 안쪽을 보여준다

도마에 다래 잼과 올리브오일을 덜어놓고
빵의 속살부터 먹기 시작한다

단단한 겉껍질까지 먹어치웠을 때
서창으로 등이 굽은 긴 그림자가 지나간다

이파리가 마른 나무처럼
그림자는 온종일 부스럭거리다가 흔들거린다

어둑해지는 들판에

까마귀 떼가 두두두두둑 소리를 내며 날아간다

저녁이 소리 없이 찾아와 커피를 마신다

---

*깜빠뉴: 프랑스어로 빵을 뜻함. 일반적인 유럽의 식사 빵.

미병*

날마다 부서지고 흔들리는 것들이 많다

어제보다 오늘 등은 더 굽었고
빗살무늬처럼 주름들은 가늘어졌다

오늘 새벽에도 안방 장롱이 직각으로 넘어졌고
천장은 수레바퀴처럼 돌았다

미간을 찌푸리고 숨을 몰아쉬며 내가 말한다
숨을 쉴 수가 없어요

의사가 명료한 목소리로 말한다
숨을 깊이 마시고, 오래오래 뱉으세요

밖에서 빛들이 쏟아져 들어온다

---

*미병(未病): 병이 되기 이전의 상태. 뚜렷한 증상은 없지만 불편한 증상을 호소하
는 상태.

밥을 먹었다

갓김치 한 쪼가리 올려놓았는데
커다란 접시를 보자
문득 억울한 느낌이 들었다

무엇인가 아주 잃어버린 것 같은
잃어버릴 것이 많은 것 같은

어느 늦은 저녁 나는
7시 뉴스를 보며 밥을 먹었다

흰밥처럼 뽀얀 사람이
수갑을 찬 채 끌려가고 있었다

오랫동안 밥을 먹었다

가을

서리가 내리기 시작했다. 논밭은 더 이상 수확할 것이 남아 있지 않다. 이제부터는 긴 잠을 잘 수 있다.

새소리가 들린다. 고양이 우는 소리를 듣는다. 누군가의 말소리가 들린다. 누군가가 양철 대문을 두드린다. 옅은 꿈들이 지나간다.

양은 밥상 위에서 색동 조각보가 빛난다. 무거운 솜이불을 윗목으로 밀어놓고 밥을 먹는다. 괘종시계가 두 시를 알리면 골목을 빠져나온다.

다리 하나만 건너면 원하는 곳에 갈 수 있다. 아는 사람들이 있는 약속 다방, 언덕 위 성당, 하염없이 걸을 수 있는 철길이 있다.

바람이 분다.
나는 시간을 견디는 방법을 알고 있다.

아무도 내가 건디는 소리를 듣지 못한다. 때가 되면 다리에
켜진 전등을 보며 골목으로 돌아온다.

참외

마트에도 봄이 왔다
알록달록한 것이 지천이다

딸기 대신 참외 한 봉지를 카트에 담는다

제철도 아닌데 산더미처럼 쌓여 있는
참외의 싱싱함을 믿어보기로 한다

올봄은 너무나 알록달록해서
과일 하나에도 믿음을 옮겨 적고 싶은 것이다

그 믿음에라도 의지해
조금이라도 버둥거리고 싶은 것이다

그리하여 어느 날 머리 위에서
나의 세상이 흑백 영화처럼 돌고 돌 때를
생각하게 되는 것이다

참외 한 봉지를 계산대에 올려놓고
또 생각에 잠긴다

참외로 인해
나는 오늘 얼마나 행복해질 것인가

양초를 사러 가기로 했네

철 지난 잡지들을 뒤적이다가
방바닥에 누워 서창의 그늘을 쟀었네

그늘 끝에 흔들리는 느티나무가
나의 자화상처럼 느껴졌네

언제나 비대칭으로 머물다가 가는
사랑과 이별하기로 했네

해가 지면 마음이 어두울까 봐
읍내에 양초를 사러 가기로 했네

잘 열리지 않던 철 대문도
스르렁 스르렁 소리를 내며 열렸네

길가에 민들레도 다정하게 피어 있었네
모두 제자리에서 빛나고 있었네

꽃무늬 원피스가 걸린 가게 앞에서
표정을 잃은 채 서 있는 여자가 보였네

그날 나는 어디에도 없었네

그러면의 배경

여름날 장대비는 흙무덤까지 파고 들어가는데
미간을 찌푸린 채 어린 딸년이 내뱉는 말
그러면 왜 날 낳았어
그러면 왜, 왜, 못 해줘

호롱불 아래서 올려다보는 낡은 괘종시계
테이프가 덕지덕지 붙은 구리 색경은 가난의 배경이고
벌거숭이 새끼 쥐들이
검은 두루마기에 쪼르륵 누워 있던
어느 겨울의 베니어판 농짝은 가난의 처소이다

차들이 지나갈 때마다 흙탕물은 튀어 오르는데
어린 딸년은 길거리에서 젖은 몸으로 울고 있다
등에 업힌 자식을 사변에서 잃었을 때부터
표정 잃은 어미는 우산을 접은 채
다리 위에서 강물을 내려다보고 있다

아침의 매뉴얼

햇빛은 벌써 유리창으로 들어와
도마 위에서 깍둑썰기를 하고 있어

보이는 모든 것들이
흔들리다가 가라앉기 전에
무언가 먹어야 한다고 중얼거리지

방금 창문으로 들어온 초록 잎들이
나란히 식탁 의자에 앉아 있어

사각의 밥상을 보며
큰 소리로 말해

산다는 건 습관처럼
서 있는 것이라고

어느 날

세상은 가끔 상처를 주곤 해
(아우슈비츠의 검은 웅덩이가 생각났어)

주먹만 한 우박이 플라타너스 이파리에
사정없이 꽂히던 때가 있었지

으스러지고 짓이겨진 채
웅덩이에 이파리들이 층층이 쌓여갔어

홀로 살아남은 이파리가 비바람에 흔들릴 때
비밀스러운 말들이 비처럼 쏟아졌지

헬리콥터 소리가 밤새도록 들렸어

건물이 흔들리고
나무들이 흔들리고
유리창이 흔들렸지

마침내 유리창은 깨지고
비명을 콘크리트 벽이 가둬버렸어

짐승처럼 웅크리고 있는 장갑차가 보였지

책임을 묻지 마라

책임이 책임을 묻는다

밥상에 나의 숟가락을 놔주고
젓가락을 놔준 것도 너의 책임
설거지하다 깨진 컵에 손을 벤 것도
물잔에서 죽은 곤충을 건져내는 것도 너의 책임

밥값을 먼저 낸 것도
반찬 속에서 머리카락을 골라내는 것도
네 곁에서 나의 모든 일이 일그러진 것도
책임을 묻지 말라고
너의 일기장에 써놓은 것도 너의 책임

고양이처럼 샛문으로 드나드는 것도
수레국화를 밟고 지나간 것도
폭염 속에 잔디가 말라가는 것도
잡풀들이 무성해지는 것도 너의 책임

책임은 모두 너의 것이라고

묻는 네가

오늘도 눈앞에서 어른거린다

세 개의 새벽

새벽 다섯 시

좁고 깊은 골목
술 취한 아비 얼굴 긁던 담벼락
땅 밑으로 움푹 꺼진 부엌
동네 아이들 올망졸망 소꿉 놀던 툇마루

그곳에서
한 번도 스치지 않은 사람들이 이웃이라고
낯선 우산 속 남자가 애인이라고
애틋하게 정답게
오래된 흑백 영화 몇 편이 만들어진다

누구 집 아무개는 시집을 가고
누구 집 삽살개는 새끼를 낳고
누구 집 아무개는 생리를 하고

새벽 여섯 시

탁상시계가 벨을 울리면
오래된 필름들이 새벽안개처럼 사방으로 흩어지고
잠시 부풀던 몸이 다시 오그라들기 시작한다

새벽 다섯 시와 여섯 시
그 사이에서 길을 잃는다

오늘의 미션

대학병원 지하 1층은

고속도로 만남의 광장 같았어

그곳에서는 통증의 시간들을 처리해

내가 너에게 닿으려 하자

너는 벌써 모레쯤의 요양원에 가 있었어

휠체어 밑으로 소변 줄기는 뻗어 가는데

너는 가시나무처럼 일어서서 내게 가지를 뻗었어

하나도 아프지 않았어

너라는 이름의 가시

10층을 눌렀어

10층은 늘 슬픈 것들이 많아

오늘따라 구름이 긴 터널처럼 보여

제2부

몰타

소피는 어제 떠났고
라울라는 오늘 떠난다

소피는 튀르키예로 갔고
라울라는 브라질로 간다

수업이 끝나고 사진을 찍었다
모두 웃으며 사진을 찍었다

아무도 슬퍼하지 않았다
이별이 습관이 되었다

저물녘

넝쿨 속에 들어가 그가 말한다

넝쿨 속에서 수천 개의 숨소리가 들리고
넝쿨마다 지독한 냄새가 난다고

넝쿨이 넝쿨을 붙들고 넘어지자
검은 새들이 금방 지붕을 덮을 것 같다고

예전에는 넝쿨이 삽살개처럼 우편물도 받아주고
유리창에 산 그림자도 닦아주었다고

넝쿨 속에서 그가 말한다

그러면서 자신은
누구와도 마주치지 않는 눈을 가진 사람
저물녘 춤을 추어도 그림자가 없는 사람
목소리가 없는 사람이라고

흔들리는 찻잔을 들고 말한다
날마다 유령처럼 살고 있다고

처음으로 그가 말한다

어둠

어제 어둠과 밤새 술을 마셨다
감기에 걸려 판콜을 먹고 술을 마셨다
가슴에 구멍이 뚫렸나 봐,
자꾸 바람 소리가 나

어둠과 사는 이야기를 했다
새벽에 한번 토하고
침대에 온몸의 무늬를 찍듯이 잤다

아침 창문 틈으로 빛이 삐죽 들어와
흉한 몸을 살핀다
다시 암막 커튼을 치고
머리맡에 있는 라디오 스위치를 눌렀다

아 상큼한 어둠
꿈틀거리는 지렁이처럼
아침을 묻고 시큰거렸던 어제를 묻었다

어둠이 어둠에 갇히지 않으려고
날갯짓을 한다

저 멀리 대머리수리가 날고 있다

벼랑

선택이 가능한 꿈은
벼랑을 버리기도 해

어제 만난 남자가
나를 벼랑이라고 불렀어

벼랑도 노래할 수 있고
춤출 수 있다고

벼랑은 픽셀이 많을수록
입자가 조밀해진다고

그날 이후 벼랑이 나를 따라다녔어
다시 꿈의 파장이 몰려왔지

＊픽셀(pixel): 특정한 빛과 색으로 이뤄진 동영상 이미지 최소해상도 단위.

꿈의 국적

노을이 오는 테이블에서 술을 마신다. 길고 높게 자란 아이들을 본다. 배추전을 부쳐 놓고 술을 마신다. 테이블 위에는 잘 마른 황태와 붉은 복숭아가 올라와 있다. 넘칠 듯 술잔은 채워진다. 오래된 이야기처럼 배추전은 금방 식는다. 단체 사진 속에 붉은 벽돌이 이어진다. 노을이 끝나도 붉은 벽돌은 변하지 않는다. 나는 벌써 석 달째 지중해 한가운데서 살고 있다. 마르코나 소피가 살고 있는 나의 꿈속에서, 나의 늙은 술잔들이 하나둘 깨어나고 있다. 테이블 위에는 피자와 파스타가 올라와 있다. 오래된 이야기 같은 포도밭이 길게 이어진다. 노을은 지지 않는다. 아무도 국적을 묻지 않는다.

부서지는 골목

골목에서 시작해서 골목으로 끝나던 집
방 두 개, 부엌 하나
봉산동 산5번지

첫 번째 골목이 부서질 때
참외 다라이를 이고 가던
버석하게 마른, 가을 수국 같은 어미가 떠오른다

그 첫 번째 골목을 엄마의 골목이라 이름 붙인다

두 번째 골목이 부서질 때
부서진 노을이 가루처럼 내리는 골목을
짐 자전거 끌고
터벅터벅 걸어오던 아비가 떠오른다

그 두 번째 골목을 아비의 골목이라 이름 붙인다

호롱불 아래서 눈썹이 하얘지도록 그린 가계도가 부서진다

골목의 주소를 잊는 데 백 년의 시간이 걸렸다

기억의 집으로부터 멀어지기 위해
다시 세 번째 골목을 찾는다

오래된 인사법

아이들이 비탈에 서 있네
비탈길마다 아이들의 발자국이 찍혀져 있네

비탈의 비탈 위에서
아이들이 옥수수 알 같은 이빨을 드러내며 웃네

사과 같은 볼을 가진 여자아이가
문고리 뒤에서 인사하네

오래된 인사법은 알고 있는 아이들이
비탈이 아닌 곳은 모른다네

비탈에서 태어나서
비탈에서 노는 아이들은
비탈이 아닌 곳은 가본 적이 없다네

한번 헛디디면
영원히 구를 것만 같은 낭떠러지 아래

호수 같은 눈동자를 가진 아이들이

인사를 하네

숙희

엄마,
장례식은 하지 말고 일기장은 버려줘

죽음이 다가올 때 그녀가 한 말
죽음을 기다리듯 그녀가 한 말

검은 연기 속에서
연기보다 더 검었을 그녀의 말

내일의 기록과
모닝커피의 행복을 삼켜버린 말

바다 한가운데에서
꽃분홍 부겐빌레아를 보며
내가 애도하던 말

숙희야 잘 가

꿈

흙탕물이 끝도 없이 밀려온다

나무들이 쓰러지고
벽이 무너지고
골목이 사라진다

필기구들이 흩어진 방에
일기장이 부표처럼 떠다닌다

젖은 노트를 들고
한동안 서 있던 아이가
갑자기 울음을 터뜨린다

소리 없는 폭우
가위눌린 밤은 계속된다

루시의 오후

그녀가 집을 나갔다고
크리스마스 선물로 준 꽃병을 두고 갔다고
사내가 울먹이네

루시*도 오래전에 사내를 떠난 적이 있네
줄기 꺾인 튤립이 되어
포크와 접시를 하나씩 산 적이 있네

강이 보이는 아파트에서
공포에 떨고 있는 사내는
샹들리에 아래에서도 창백하게 보이네

마침내 신음을 내뱉는 사내의 손을 잡고
루시는 아무렇지도 않게
바보처럼
모든 게 미안하다고 말하네

세상의 루시들이

세상의 윌리엄들이

종잇장처럼 파리하게 늙어가는 중이라네

※루시: 엘리자베스 스트라우트의 세 번째 자전적 소설, 『오! 윌리엄』에 나오는 주인공.

롯지*가 보이는 언덕

빙하가 녹은 물이 흘러간다
강물은 강물을 따라
바위는 바위를 따라 흘러간다

푸른 배낭을 짊어진 여자가
노란 카나리아가 날아가 버린
텅 빈 새장을 가슴에 안고 절벽을 올라간다

돌계단을 디딘
여자의 종아리가 부르르 떨려오면
저 멀리 푸른 지붕들이 보인다

저 너머의 희망이 보일 때쯤
몸은 흠뻑 젖어 있다

장작 난로 앞에 둘러앉은 짐꾼들이
차를 마시고 있다

———————
*롯지: 히말라야 등반자들을 위해 음식과 잠자리를 제공하는 곳.

이후로도 오랫동안

빈 밭
옥수숫대에서 바람 소리가 났다

어제까지 여름은 지글거렸고
들들 끓었고
누구라도 태워죽일 듯이 뜨거웠다

어제 신경과민으로 입원한 여자가
벌써 여름이 다 가버렸다고
투덜거렸다

마른 이파리처럼
말라가는 눈에
지나간 추억들이
이리저리 흩날리고 있다

빈 들판에서 바람이 불어오고 있다

부표

반쯤 뒤집힌 이불
불빛이 새고 있는 스탠드
어젯밤 읽다 만 책이 엎드려 있는
새벽 6시

아래층 남자는
일을 나가고

위층 여자는 금이 가고
물이 잡힌,
얼굴로

공중에 떠 있다
부표처럼

여자는
오늘 머리를 감고
은행에 가서 대출을 연장하고

오후에 시 강좌를 들으러 갈 것이다

해가 저물어
여자의 방에
다시 스탠드가 켜지고
노트북에 짧고 긴 하루를 담으면
어제처럼
그림 속 장미가 걸어 나와 속삭일 것이다

오늘 밤엔 나비가 오게 해줘
언제나 꿈인 채로 살 수는 없어

박쥐

정원의 덤불을 걷어내고
울타리 말뚝을 박으며 한낮을 건너온 사내가
침대에 엎어져 있다

마치 제 몸이
버덩의 덤불이고 말뚝인 것처럼
풀기 없이 늘어져 있다

어디까지 꺼져 들어가려는지
얼굴을 깊숙이 파묻고
벌써 몇 시간째 꿈적하지 않는다

사내는 어서
노을이 지기를 기다리고 있다

제3부

하루의 효과

낯설다는 것은 익숙해진다는 뜻이다

늦은 이유를 설명하기 위해 꽃집을 찾는다

꽃집은 늘 건너편에 있다
수만 송이 국화들을 앞에 세우고 있다

슬픔은 전시되어 있지 않은데
슬픔에 젖는 이가
의외로 많다

전시회를 알리는 현수막이
건물 밖에서
저 혼자 바쁘다

쉼 없이 움직였지만 오늘도 효과가 없다

노인이 온다

휠체어에 앉은 노인이
두 손을 모으고 창밖을 본다

장바구니를 들고 종종걸음을 걷는 여자
잰걸음으로 자전거에 올라타는 남자

깨금발로 걸어가는 계집아이
빨간 붕어가 든 비닐 가방을 들고 가는 노인

사람들 사이로 흩날리는 벚꽃을 본다

휠체어에 앉아 있는 노인이
차를 마시면서 눈물을 닦는다

온몸에 가득한 주름과
팔에 시퍼런 멍을 가진 노인이
링거병의 눈금을 본다

링거액이 반쯤으로 줄어들 때마다
아픈 몸을 비틀면서
흰 벽에 달린 둥근 시계를 본다

오후 7시
또 하루가 갔다고 중얼거린다

축제는 끝났다

뱀 가죽처럼
해 가림막이 허물어졌다

국수 국물을 끓이던 무쇠솥단지도 불기운을 잃고
좌판의 가래떡,
탁자 위 그릇도 말끔히 치워졌다

붉은 치마 속 노란 속곳을 들썩이던 여자
막걸리에 목줄까지 불콰하던 털보 남자도
집으로 돌아갔다

비눗방울 속에서 무지개를 보던 애들은
무지개를 따라 집으로 가고
물건값을 홍정하던 어른들은
제가 산 물건을 따라 집으로 갔다

노랫소리 박수 소리를 귀에 달고
봉놋방의 나그네들처럼 부스스 집으로 갔다

모든 소리들은
오늘 밤 귀에서 잠들 것이다

잔치는 끝났다

나의 가을

오래된 청동거울 같았다

백 년을 산 이끼식물 같았다

쓸쓸하고 어두운 가을 같았다

사랑이 필요한 시절이 있었다고

은행나무 숲에 가야 한다고 말했다

제프 버클리*의 〈할렐루야〉가 들려왔다

---

*제프 버클리: 미국의 싱어송라이터.

자정의 노래

모든 것은 지루한 하루 때문이라고
여자가 울부짖는 순간은 자정이었다

자정이 되어 사내의 방문을 두드렸지만
고양이 우는 소리만 들렸다

새벽이라도 사내가 올지 몰라
정원에 나가 세레나데를 불렀다

사내는 수시로 나타났고
수시로 사라지기도 했다

새벽 두 시가 되자
사내의 노랫소리가 들렸다

정원을 걸으며 노래를 부르는 사내 옆으로
고양이들이 몰려들기 시작했다

노인이 간다

별들이 사는 창을 암막으로 가리고
자주 밤하늘을 보곤 해
별들이 조금씩 움직일 때쯤이면
어느 죽음을 보게 되리라 생각하지

검버섯이 핀 밀랍 인형처럼
창가에 앉아 있어
창밖을 내다보는 눈 안에서
한 세계가 허물어지고 있어

음악이 전부라는 마에스트로*처럼
감정이 전부라는 영화감독처럼
아름다운 시절을 끌어안고 부서져 가고 있어

비바람이 창가를 두드려대는데
분홍색 튤립을 든 남자가 속삭이고 있어
제발 멈추지 말아 달라고
비처럼 바람처럼 움직여 달라고

흩어지는 빗줄기처럼

꺼져버린 유성처럼 굳어가고 있어

---

*마에스트로: 마스터 또는 교사의 이탈리아어. 서양 클래식 음악이나 오페라의 지휘자 음악감독의 경칭.

족(族)에 관한 사유

온몸이 웃음투성이었어

얼마나 웃었는지
입은 귀에 걸리고
팔다리는 지느러미가 되어
푸른 바다를 헤엄쳐 갔지

바다에 누워
이름 모를 별들과
신기한 이야기를 했어

날마다 날마다
부레처럼 심장은 부풀어올랐지

어느 날 아침이었어
몇 번씩 숨을 가다듬고
지느러미를 흔들어 보았지만
몸이 가라앉기 시작했지

웃음소리에 갇혀 있던
나약했던 세상이
발톱을 세우는 거라고 생각했어

몸이 닿은 곳은
축축하고 미끌미끌한 늪이었지

수초처럼 서 있는 그곳을
지금이라고 이름 붙였어

문화극장

영화는 우리들의 문화였고
영화관에서는 모두가 배우였다

그때는 몰랐다
우리도 언젠가는 퇴역 배우가 된다는 것을

물방울무늬

흩어지는 구름 속에 노인을 본다

나타났다가 사라지는 무늬들
노인이 입었던
주황색 원피스의 물방울이 흩어진다
내 기억도 흩어진다

흩어진 것들이 비가 되어 내린다
오래 묵은 감정들이 방울방울 눈동자가 되어 사라진다

아직 떠날 준비가 안 된,
점점 등이 굽어 둥글어지는 노인을 보며
도화지에 그리던 동그라미를 떠올린다

흩어졌던 구름이 다시 모여든다
구름이 웃는다

밤들이 노니다가*

달빛도 없이
달팽이관처럼 고불거리는 길을 따라 모여들었다

아리따운 여인이 선보이는 춤사위가 유연하다
하늘색 도포를 입은 사내가 목청을 가다듬고 있다
야외 의자에는 제각기 다르게 생긴 사람들이 앉아 있다
진지한 이야기를 나누는지
두 손을 모아 쥔 사람도 있다

나무 탁자 위에 막걸리와 메밀전이 놓여 있고
음향이나 조명 장치도 마무리되었다
무대 뒤에서는 '광대패 모두골'** 단원들이 한바탕 판을 벌
이려고 숨 고르기를 한다

밤새도록 줄이 끊어지도록 기타를 치고
목이 쉬게 노래를 부르고
기꺼이 어깨춤을 출 기세다

동네 고양이들도 쥐똥나무 아래 숨어 흘끔거린다

초하루 눈썹달은 여전히 보이지 않는다

나의 5월

그 햇살
그 바람이

마당 철쭉을 흔들고
파란색 블라인드를 흔들고

창가 화분이
비스듬히 눕고

식탁 위 세금 고지서가
나비가 되어 날고

그 햇살
그 바람에

빨간 꽃무늬 원피스
월담을 준비하고

하루

큰 꽃을 들고
웃지 않는 여자

노천카페에 앉아
하루 내내 철학자가 되었다

고통이다가 희망
고요이다가 전쟁

사라져서 살아졌던 하루들이
새 떼처럼 몰려왔다 흩어졌다

오늘은 어제를 잊고
내일은 오늘을 잊고

다정하지 않은,
하루는 그냥 하루일 뿐

유년의 모빌

별과 달이 떠 있어요
그 사이로 할머니와 할아버지,
오빠와 언니, 삼촌, 숙모가 보이고
주말이면 엄마 아빠가 보여요

영월로 간 엄마 아빠가 우윳값을 버는 동안
나는 움직이는 자동차와 비행기를 보며
큰 숟가락으로 할머니의 사과즙을 받아먹어요

어제는 몸에 열꽃이 피어
병원에 가서 X-ray를 찍고 아픈 주사를 맞았어요
울다가 자다가 눈을 떠보니
글쎄 하늘이 텅 비어 있는 거예요

휘둥그레 눈을 크게 뜨고 여기저기 살폈죠
다행히 별이랑 달은 창가에 나란히 사이좋게 앉아 있었어요
나는 할머니가 새끼손가락으로 뭉갠 약을 먹고 잠들었어요

몸과 머리가 점점 커지면서
비행기와 자동차는 아주 작아졌어요
나는 그 자동차를 타고 마구 달리기 시작했어요

아, 아스라한 유년의 모빌이 보여요

아스피린 같은

심장을 움직이는 동맥이
반이나 막혔다고 의사가 말했다

처방을 받아 아스피린을 먹었다
가슴 통증이 사라졌고 시린 발이 따듯해졌다

녹아서 흘러 다니는 것은
언제나 뜨거운 바람을 일으킨다

아침마다 아스피린 한 알을 먹는다
아스피린이 혈관을 타고 돌아다니면 혈관이 조용해진다

아스피린이 핏덩이들을 녹이고 있다
가슴의 응어리
불통의 세상까지 녹여주기를

아스피린 한 알이 또 하루를 먹어치웠다

제4부

끝나지 않을 이야기

유리창에 납작 붙은 검은 나방이
나이 들어가는 여자들의
이야기를 듣고 있다

옥수숫대 흔들리는 소리
사이사이 흔들리는 말들

살려고 죽는
죽으려고 사는 사람의 이야기

여섯 시간을 떠든 여자가
도저히 녹을 것 같지 않은
영양제 캡슐을 한 움큼 털어 넣는다

끝나지 않을 이야기가
다시 시작된다

1981

여드레에 한 번쯤 여자는 장바구니를 들고 나간다

검은 세단이 희끄무레해진 골목에 서고

웅숭 웅숭 철문 여는 소리가 나면

여자가 서둘러 밥상을 차린다

조곤조곤 말소리

그릇 부딪히는 소리

이불 사그락거리는 소리

뜨문뜨문 다투는 소리

자동차 시동 거는 소리가 들릴 때면

여자가 내 방문을 두드린다

뽀얀 형광등 아래 여자의 방은 보석처럼 반짝이지만

여자의 얼굴은 색을 잃었다

여자가 점점 취해 가는지 마구 욕설을 내뱉는다

'나쁜 놈, 죽어 버릴 거야'

'제발 꺼져라, 나쁜 새끼'

그날 왼쪽으로 휘어진 옷장

읽지 않는 사상전집이 벽면에 가득한 내 방,

앉은뱅이책상 위에는

파울로 코엘료의 『베로니카 죽기로 결심하다』가

불쑥 튀어나와 있었다

내겐 너무 많은 그녀들

나무 계단 꼭대기에서 그녀들을 보고 있었어 분홍 실크 스카프를 목에 두른 그녀들은 출입구에서 연신 입가에 웃음을 모으고 누군가의 손을 잡고 고개를 끄덕거렸지 사람들이 기타를 들고 무지개 모자를 쓰고 들어왔어 그녀들이 아는 사람들은 모두 이곳으로 들어왔지 한낮의 태양처럼 타오르는 그녀들과 수증기처럼 맴도는 사람들의 관계는 몇 개의 단위로 나뉘었어 눈빛은 계절로 표시되었지 그녀들은 봄이 오기 전 늦겨울이라고 썼어 축하 케이크를 자른 그녀들은 행복이 무르익어야 해서 기타를 쳤지 그녀들의 목에서 나풀거리던 실크 스카프가 어색해질 때쯤 그 가득했던 골목이 허무하게 느껴졌어 에어컨은 돌고 있는데 더운 바람이 불어왔지

아침 다섯 시

여기저기 흩어진 책들
벗어놓은 옷이 있는 테이블 옆에서
머리에 두 손을 괴고

나는 어제 잠든 모양 그대로
소파에 누워 있다

오늘도 하루는
죽은 하루살이들을 치우면서 시작될 것이다

어제 동네 과수원에서 사 온
물컹거리는 복숭아 두 개가
나를 빤히 올려다본다

물때처럼 오래 남을지 모르는
마음의 얼룩들은 빨리 지우기로 한다

날마다 하루는 그렇게 지나간다

붉은 순간들

화병의 양귀비꽃이
붉은 치맛자락을 펼쳐 보인다

펼쳐 보인다는 것은 몰두한다는 것이어서
테이블 위에 노트북과 커피잔이 하루를 진열하고 있다

나는 백발이 되어 문학상을 받았다
나의 문학도 붉게 펼쳐지고 있다

내 속의 나는 책 속의 니체를 불러들이고
붉은 얼룩이 있는 나의 시를 불러들인다

고통의 삶을 예술이 구원할 수 있다고 니체는 말했고
나의 시는 바닥에 묻은 토마토케첩을 닦으며
인간의 품위를 떠올렸다

원동성당 앞 건널목에서
장미 꽃다발을 들고 서 있던 붉은 얼굴이 스쳐 지나간다

붉은 장미를 갖고 싶었던 순간들이 있었다

어디서 왔는지
붉은 꽃 한 다발이 화병에 꽂힌다

제노사이드

거리의 개들이 사납게 짖어대는 도시
부서진 창문으로 보이는 건물 잔해를 보며
한 소년이 피아노를 친다

제발 전쟁을 멈춰주세요
아버지들이 전장에서 살아올 수 있게 지켜주세요
어머니들이 자식의 주검을 보지 않게 해주세요
여자들이 자신의 몸을 지키고
아이들이 안전하게 학교에 가게 해주세요

호텔 공중에 소년의 염원이 담긴 선율이 퍼진다

네 이웃을 죽여라 그들은 바퀴벌레다
후투족 남편이 투치족 아내를 죽인 것처럼
사라예보의 총성이 수천만의 생명을 죽인 것처럼

우리와 그들을 나누지 말라고
우리도 그들도 사람이라고

흐느끼는 선율도 함께 퍼진다

스필만의 쇼팽의 야상곡 C# 단조
베토벤의 월광 소나타
어두운 하늘을 비추는 달빛 한 줄기 같은,

소년이 연주한 곡은 〈학교 가는 길〉이었다

동백

꽃잎 떨어지네
붉은 댕기처럼 떨어지네

아지랑이 사이로
뜨겁게 떨어지네

흐릿한 하늘 아래
서러운 시선
거미줄처럼 걸려 있는데

바람에게 새들의 안부를 묻고
뒤돌아보지 않고

툭,
홀로 떨어지네

우기

집 밖 나간 지 오래
아무도 오지 않고

파리 한 마리만
숨죽여 날고 있다

물방울 맺힌 창문으로
꽃밭을 본다

수레국화 한 송이
홀로 가늘게 떨고 있다

어쩌면 너도 나 때문에
힘들었을지도

빗줄기 계속 굵어지고
우기는 계속되고 있다

금지령

닭들도 더우면
알을 낳지 않는다는
엄니 말씀
예사로 듣지 않기

어떠한 재난에도
품위를 지키라는
선현의 말씀
흘려듣지 않기

뜨거운 시선
창조의 욕망 에로스
본질 없는 이미지에
매혹되지 않기

최대한
입술은 메마르게
대화는 건조하게

일상의 전쟁

지루한 평화 속에서도

함께하는 개인임을 잊지 않기

노을은 붉은 화장을 하고

느티나무 숲에서
노을이 잠시 쉬고 있다

하루는 하루답게 저물고 있는데
나는 시간을 자꾸 거슬러 오른다

변질된 그리움처럼
변형된 선행처럼

비루했으나 그만큼 찬란했던
매 순간이 마지막이었던

삶의 하루들
사랑했던 이들과 보낸
행복했던 순간도
뒤돌아보면 아프다

내일도 나는

동에서 서로
묵묵히 걸어갈 것이고
노을은 붉은 화장을 하고
나타날 것이다

아무 날

문간방에서 만화책을 보는데
순남이가 옆 동네 벚나무를 보러 가자고 했다

벚나무는 보지 못하고
야트막한 언덕만 오르락내리락하다가 집으로 왔는데
대문 바로 옆에 작은 벚나무가 심어져 있었다

누런 장판 바닥에는 만화책 대신 스펀지로 된 삼단요가 펼
쳐져 있고
크리스털 재떨이에 꽁초 두 개
앉은뱅이책상 위에는 구겨진 영수증들이 창문 틈 바람에
나풀거렸다

순남이랑 아랫목에 누워 천장 만다라 무늬를 보고 있는데
갑자기 언니가 누군가를 데리고 들어왔다
황급히 온몸을 이불로 감싸며 누구세요 했는데
그 누군가 씨는 우리를 보며 히죽 웃었다

순남이가 입을 삐죽 내민 채
다 된 저녁에 십리를 걸어가야 하느냐고 투덜거렸다

대문 밖 계단 아래
어스름한 골목으로 바싹 마른 열여섯 여자애가 휘청휘청
걸어가는데
원피스 등허리에 달린 리본이 힘없이 흔들거렸다
순남이가 사라진 골목 어귀에서 서늘한 바람이 불어왔다

요즘 이런 꿈을 가끔 꾼다

벌써

아무가 생리를 하네
벌써
옆집 아무가 시집을 간다네
벌써

벌써, 벌써, 벌써, 벌써

라디오 멜로 드라마 같았던,
수많은 벌써가 귀에 잔잔히 남아 있다

오마나, 벌써 이렇게 컸어
아이고, 벌써 학교에 들어갔구나

나의 벌써는 게으름과 무심을 감추려는 호들갑이다

벌써,
한여름이 왔다

손이 닿는 곳

어디선가 윙윙대는 소리가 들린다 모기가 날아와 바로 눈앞에 앉는다 몸을 숨길 수 없는 흰색 벽이다 변기에 앉은 채 재빨리 화장지로 모기를 덮는다 되도록 피가 묻지 않게 죽은 모기를 잘 싸서 반의반으로 접는다 이제 나는 다시 깊은 잠에 빠질 수 있을 거라고 안심을 한다 그런데 또 다른 모기 소리가 귓전을 맴돈다 주변을 살피지만 모기는 보이지 않는다 어떤 소리도 들리지 않는다 소름이 돋는다 보이지 않는 곳에 침을 삼킨 모기가 둘러붙어 있을 거라고 생각한다 거기가 손이 닿은 곳이라고 생각한다 모기도 나도 불안한 새벽이다

노랑 도시

도로에 간판들이
아르고스의 눈동자처럼 매달려 있다

아침에 노랑 코끼리 버스를 타고 어린이집으로 간 아이는
하루 만에 다국적 언어를 배우고
이틀 만에 레게를 중얼거리고
사흘 만에 첼로 3중주를 연주한다

온종일 바퀴에 실려 다니던 아이가
날개깃을 접고 차에서 내리면
허리가 반쯤 굽은 할머니가 호랑이 차를 향해 허리를 굽혀
절을 하고 아이를 데리고 간다

카페에서는 한 손에 커피잔을 든
노랑머리 여자가 머리카락을 뒤로 쓸어 넘기며 구스타프
클림트의 그림을 보고 있다

마트의 콩나물은 점점 빠르게 노랗게 자라고

거리 두기로 격리된 사람들의 얼굴은 점점 노래진다

노랑 도시에서
언제나 간판들은 다산의 시대를 누린다

서곡리 1752번지

앞마당 접시꽃은
꽃대를 동쪽으로 기울여 전봇대를 바라보는데
오월부터 짓기 시작한 까치집은
대소쿠리만큼 부풀어 있다

비밀의 정원처럼
쥐똥나무 가지 속에 들어가 잠자던 참새들이
천둥소리에 놀라
우르르 떼 지어 날아간다

앞뜰에 빛과 어둠은 순서대로 지나가는데
보람자원 앞마당 포클레인은
주먹을 불끈 쥐고 서 있다

해가 떠오르면
얼굴이 까맣게 그을린 남자가
마른기침을 하며
포클레인으로 철근을 들어 올릴 것이다

교차와 겹침, 혹은 시차(時差)의 비애

백인덕(시인)

1.

세상에! 가장 큰 비극은 뭘까, '비극'이라는 그 '말' 자체다. 인생의 신비를 묻는 간절한 외침에 "모두 죽었는데, 영원히 살 것처럼 '오늘'을 보낸다"라고 했던 고대 인도 현자의 일갈(一喝)도 결국 '말'이었다. '운명', '행위', '성격'은 이제 삶을 극적으로 만드는 우세 인자(因子)로 작동하지 않는다. 소쉬르의 〈일반언어학〉 이후, 우연(임의성)과 차이(변별성)만 가득한 인식의 세계가 열렸다. 심지어 "세계의 의미는 세계 밖에 놓여 있어야 한다. 세계에 속한 모든 것은 그것이 지금 그러한 것으로 있다. 그리고 모든 것은 지금 일어나는 그대로 일어난다. 세계 속에서는 아무런 가치도 존재하지 않는다—존재한다 한들, 그것은 아무런 가치를 가지지 않는다.”라고 젊은 비트겐슈타인은 말했다. 언어 행위에서 기표가 대상을 지시하면 의미가 발생한다는 경로는 늘 허위거나 결코 닿지 못하는 착오일 뿐이다. 발화는 흩어질 뿐, 생각처럼 의미의 그물망을 펼치지 못한다. 말하거나, 말하지 않으면서 우리는 현대적 비극의 주인공이 된다. 삶이란 내 존재 근거이면서 나를 의미 없게 하는 저 세계, 결국 ‘대타자(The Other)’와 어떻게 관계할 것인가의 문제로 축약된다. 나는 ‘자기(The Self)’라는 자아의 이상형으로 세계와 응전한다. 시인의 말이 아픈 이유는 양태가 아니라 그 원리, 기원이 고통에 기반하고 있기 때문이다.

안유경 시인은 사유함으로써 ‘차이’를 지향하고, 언어가 배치된 뉘앙스를 통해 뜻밖의 깊은 울림이 공명이 되는 한순간을 겨냥한다. 시집 내내 ‘골목’을 말하는데 그 대비가 보이지 않는다. ‘골목’이라는 시공간을 ‘지금 여기’의 존재 조건으로, 사건으로 형성하고 의미는 다르게 해석하겠다는 의지가 없다면 가능하지 않은 방법론이다. 비약하자면, 시인은 ‘골목/순간들’, ‘붉은(노을)/어둠(암막)’, ‘나/그녀들(숙희)’ 같은 위태로운 비교를 거듭한다.

> 화병의 양귀비꽃이
> 붉은 치맛자락을 펼쳐 보인다

펼쳐 보인다는 것은 몰두한다는 것이어서

테이블 위에 노트북과 커피잔이 하루를 진열하고 있다

나는 백발이 되어 문학상을 받았다

나의 문학도 붉게 펼쳐지고 있다

내 속의 나는 책 속의 니체를 불러들이고

붉은 얼룩이 있는 나의 시를 불러들인다

고통의 삶을 예술이 구원할 수 있다고 니체는 말했고

나의 시는 바닥에 묻은 토마토케첩을 닦으며

인간의 품위를 떠올렸다

원동성당 앞 건널목에서

장미 꽃다발을 들고 서 있던 붉은 얼굴이 스쳐 지나간다

붉은 장미를 갖고 싶었던 순간들이 있었다

어디서 왔는지

붉은 꽃 한 다발이 화병에 꽂힌다

―「붉은 순간들」 전문

필자의 관심은 온통 "화병의 양귀비꽃"이 '붉음'의 대표 이미지였다가 '장미'가 되지 못하고 그냥 "붉은 꽃 한 다발"이 되는 심리 과정, 아니 시차적으로 깨어나는 인식에 있다. 시인은 "나는 백발이 되어 문학상을 받았다/나의 문학도 붉게 펼쳐지고 있다"고 진술한다. 나아가 시인은 "고통의 삶을 예술이 구원할 수 있다고 니체는 말했고/나의 시는 바닥에 묻은 토마토케첩을 닦으며/인간의 품위를 떠올렸다"라고 한다. 모두 다 '붉음'이라는 색의 상징으로 환원한다. 전 세계적으로 국기에서 가장 애용하는 색이 빨강이다. 심장을 비유하다 애국심의 환유로 굳어졌기 때문이다. 시인이 양귀비와 장미 사이에서 상기하는 니체의 말이나, 바닥에 흘린 토마토케첩은 '인간의 품위(세상이 정한)'를 지켜주기 위한 관례에 지나지 않는다. 요즘 말로 루틴 같은 인식에서 깨어나 시들해지는데, 문득 기억의 한편에서 "붉은 꽃 한 다발"이 나타나 현실을 가득 채운다. 현실이 아닌데 더 생생한 '꿈'이 현실감을 부여한다.

2.

골목은 그 익숙한 이름만큼 장소로서 각별한 의미를 생성한다. 골목은 감옥, 병원, 군대(병영) 같은 특수한 조건을 전제하지 않으면서 M. 푸코가 말한 '헤테로토피아(heterotopia)' 즉, 일상과는 '다른 장소'라는 뉘앙스를 풍긴다. 다른 장소에

는 다른 사건이 있다, 다른 사건이란 지금으로부터 유추하기
어려운 과거의 인물과 행위의 양태가 드러난다. 그러나 존재
는 한자리에 머물지 않는다. 옮기고 옮기는 게 불가능함을 알
기에 기억을 동원한다. 누구나 알겠지만, '기억과 기대'는 같
은 얼굴이다.

골목에서 시작해서 골목으로 끝나던 집
방 두 개, 부엌 하나
봉산동 산5번지

첫 번째 골목이 부서질 때
참외 다라이를 이고 가던
버석하게 마른, 가을 수국 같은 어미가 떠오른다

그 첫 번째 골목을 엄마의 골목이라 이름 붙인다

두 번째 골목이 부서질 때
부서진 노을이 가루처럼 내리는 골목을
짐 자전거 끌고
터벅터벅 걸어오던 아비가 떠오른다

그 두 번째 골목을 아비의 골목이라 이름 붙인다

호롱불 아래서 눈썹이 하얘지도록 그린 가계도가 부서

진다

골목의 주소를 잊는 데 백 년의 시간이 걸렸다

기억의 집으로부터 멀어지기 위해

다시 세 번째 골목을 찾는다

—「부서지는 골목」 전문

시인에게 "골목에서 시작해서 골목으로 끝나던 집"이라는 장소는 존재를 은폐할 수 없는 거처이며 공공연히 노출된 공간이다. 하지만 시인은 끝내 이 기억을 왜곡하지 않고, "기억의 집으로부터 멀어지기 위해/다시 세 번째 골목을 찾는다"라는 자기 선언에 이른다. 존재의 전환인 셈이다. "엄마의 골목"과 "아비의 골목" 다음 시인이 찾는, 아니 형성하는 "세 번째 골목"의 이름은 무엇일까. 이 작품을 통해 자연스레 유추하자면 '부모'이겠지만, 같은 의미를 형성할 수 있는 다른 역할에도 무한히 열려 있다. 하지만 이 "세 번째 골목"은 시인의 기도(企圖)를 내포한, "인간의 품위"를 지향하는 방향이기에 어떤 장애와 마주할 수밖에 없다. 아니 장애를 건너, 기억을 기대로 바꾸는 시간의 환치(換置)를 실행해야 한다.

여름날 장대비는 흙무덤까지 파고 들어가는데
미간을 찌푸린 채 어린 딸년이 내뱉는 말
그러면 왜 날 낳았어
그러면 왜, 왜, 못 해줘

호롱불 아래서 올려다보는 낡은 괘종시계
테이프가 덕지덕지 붙은 구리 색경은 가난의 배경이고
벌거숭이 새끼 쥐들이
검은 두루마기에 쪼르륵 누워 있던
어느 겨울의 베니어판 농짝은 가난의 처소이다

차들이 지나갈 때마다 흙탕물은 튀어 오르는데
어린 딸년은 길거리에서 젖은 몸으로 울고 있다
등에 업힌 자식을 사변에서 잃었을 때부터
표정 잃은 어미는 우산을 접은 채
다리 위에서 강물을 내려다보고 있다

—「그러면의 배경」전문

죽음이 다가올 때 그녀가 한 말
죽음을 기다리듯 그녀가 한 말

검은 연기 속에서

연기보다 더 검었을 그녀의 말

내일의 기록과
모닝커피의 행복을 삼켜버린 말

바다 한가운데에서
꽃분홍 부겐빌레아를 보며
내가 애도하던 말

—「숙희」부분

기억의 음화(陰畫)는 유사한 사태를 나의 초상을 만드는 데 사용하기도 한다. 이 시집을 '시간의 흐름'이라는 주제로 읽었다면, 많은 체험이 그 자체의 경계, 가령 실 체험, 추체험, 간접체험, 망상처럼 구분되지 않는다는 점에 주목했을 것이다. 하지만 위의 두 작품 모두에서 시의 화자가 관찰하는 시선을 유지하는 특이함을 보여준다.

시인은 「몰타」라는 시에서 "소피"와 "라울라"를 만나고, 「꿈의 국적」에서 "지중해"나 "카리브해"를 만난다. 그렇게 "노을은 지지 않는다/아무도 꿈의 국적을 묻지 않는다"(「꿈의 국적」)는 사실에 환상의 안쪽을 세계의 밖으로 덧대보기도 한다. 감정은 호환하는 것이라서 내가 기울이면 그 위치에 따라 더 많이 돌려받게 된다.

통화할 수 있느냐고 문자를 보냈어

지나간 일들은 기억하지 않으려고 휘파람을 불었지

누군가 얼굴에 그늘이 졌다고
숨을 몰아서 쉬는 걸 보면 알 수 있다고 말했어

암막 커튼을 쳤는데도 빛은 들어왔지
어둠 속에서 안녕할 거라고 차라리 안심했어

한낮의 유리창에 가만히 손을 대어
빛의 온기를 재 봤지

온종일 빛들을 따라가다 보면
활짝 피었다가 급히 떨어지고야 마는 들꽃 그늘을 보게
될지도 몰라

문자가 왔어
통화할 시간은 있는데 할 말이 없다는 거야

낮달을 보고 삽살개가 컹컹 짖었어

개집 앞에 밥그릇은 바짝 말라 있고

물그릇은 하루살이들이 빠져 있고

오후의 일들이 지나가고 있었지

—「낮달」 전문

　시인은 '안과 밖'을 잘 통제한다. 내 통제권 밖의 사태는 사실 자연의 일이다. "한낮의 유리창에 가만히 손을 대어/빛의 온기를 재 봤지"라는 시적 진술은 "문자가 왔어/통화할 시간은 있는데 할 말이 없다는 거야"와 맞물려 어떤 '미병(未病)'을 충분히 읽어낼 수 있게 한다.

　이 작품에서 '낮달'은 통제 불가의 상징이다. 이 시를 읽다가, 제목이 왜 '낮달'일까 한참을 고민했다. 그것은 '울지 않는 수레국화', '그냥 여치', '구름이 빚은 안개' 등 가능의 세계에서 어떤 제목을 붙여도 어울리기 때문이었다. 이것은 물론 필자의 상상이다. 시인은 마지막 연에 "오후의 일들이 지나가고 있었지"라고 어떤 보고의 형식으로 '하루'를 정의한다. 인용 작품 속의 상대가 누군지 모르겠지만, "통화할 수 있느냐고 문자를 보"내는 행위는 현대 사회의 비극을 그대로 함축한다. 여기에 "시간은 있는데 할 말이 없다"라는 통보는 이 비극의 실체를 명확하게 드러낸다. 사실 별일이 아니라는 것이다. "오후의 일들이 지나가고 있"는 상황은 사건이 되지 않는다.

평범이라고 누가 말하나, 현대인의 비극은 일상의 루틴을 반복하는 것뿐이다. 이제 돌아가면 '낮달'이라는 자연 현상이 남는다. 세상 모든 일은 자연으로 된다, 라는 깊은 인식이다. 달은 밤에 있어야 하는데, 낮달은 낮에 떴다. 하지만 해가 아니고 달인 것이 분명하므로 이 오후는 낮인가, 밤인가 정체불명, 혹은 경계가 겹쳐 불분명한 상태를 시인은 부러 소환하고 있는 것이다.

오래된 청동거울 같았다

백 년을 산 이끼식물 같았다

쓸쓸하고 어두운 가을 같았다

사랑이 필요한 시절이 있었다고

은행나무 숲에 가야 한다고 말했다

제프 버클리의 〈할렐루야〉가 들려왔다
　　　　　　　　　　　　　　　—「나의 가을」 전문

시인은 니체를 말했지만, 필자는 자꾸 하이데거의 냄새를

맡는다. "언어는 존재의 집"이라는 명제를 말년에 "언어는 존재의 짐"으로 바꾸었다. '집'이란 결국 그 어떤 존재에게도 '짐'의 형태, 의무와 역할이라는 부담으로 남을 뿐이다. 안유경 시인의 「몰타」와 「족(族)에 관한 사유」, 「제노사이드」 등의 작품은 모두 이 계열로 분류할 수 있다. 위의 인용 시 끝에 등장하는 제프 버클리의 〈할렐루야〉에는 "이건 밤에 들을 수 있는 울음소리가 아니야/이건 빛을 본 누군가도 아니야"라고 만천하에 드러난 죄 앞에 선 인간 존재의 원초적 육성이 담겨 있다. 성(聖)과 속(俗)은 잘 뒤집을 수 없는 동전과 같아서 성스러움에 집착하면 죄가 더 묻어나고, 속됨에 끝없이 집착한다고 해서 성스럽게 변하지도 않는다. 원초적 질문 앞에 선 시인이란 존재가 그렇다.

3.

안유경 시인은 앞에 인용한 작품에서 "나는 백발이 되어 문학상을 받았다/나의 문학도 붉게 펼쳐지고 있다"라고 밝혔다. 아마 사실일 것이다. 이번 시집에도 '백발'의 이미지보다 '붉음'과 '서쪽'의 이미지가 더 많이 등장한다. 시인은 "검버섯이 핀 밀랍 인형처럼/창가에 앉아 있어/창밖을 내다보는 눈 안에서/한 세계가 허물어지고 있어"(「노인이 간다」)라고 자조적 어조가 아닌 독백을 내뱉는다. 세월의 무상함을 한탄하는 게 인지상

정이지만, 시인은 어찌 보면 비상한 노력으로 이 일상의 범속함으로부터 자신을 지켜낸다. 그 방법은 「유년의 모빌」과 「아무 날」처럼 기억의 한 지점으로 돌아가 오늘, 시에서 자주 등장하는 어휘로 '하루'를 넌지시 건네 보는 것이다. 그러면 우리는 '지금'이라는 한계 때문에 스스로 외면한 경이를 보게 될 수도 있다. 내가 이렇게 멋진 존재가 되었다니 하고 말이다.

선택이 가능한 꿈은
벼랑을 버리기도 해

어제 만난 남자가
나를 벼랑이라고 불렀어

벼랑도 노래할 수 있고
춤출 수 있다고

벼랑은 픽셀이 많을수록
입자가 조밀해진다고

그날 이후 벼랑이 나를 따라다녔어
다시 꿈의 파장이 몰려왔지

—「벼랑」 전문

니체는 "비상하려는 자는 반드시 추락할 수 있어야 한다." 라고 했다. 뭐 어려운 얘기가 아니다. 유럽의 최고봉이라는 알프스산맥의 독수리는 상승기류를 타기 위해 절벽 끝에 앉았다가 일단 뛰어내린다고 한다. 니체는 이탈리아로 가기 위해 알프스를 넘다가 이 이야기를 들었다고 한다. 나는 그 이야기의 21세기적 버전을 만났다. "벼랑은 픽셀이 많을수록/ 입자가 조밀해진다고" 말이다. 안유경 시인은 '벼랑'을 버리는 것이 아니라 그 추격을 허용하면서 오히려 "꿈의 파장"이 몰려오는 걸 느낀다. '하루'를 어제와 오늘, 혹은 내일과 같은 이름으로 함부로 방부(防腐)하지 않는 시인의 자세가 있기에 가능한 사태일 것이다.

나무 계단 꼭대기에서 그녀들을 보고 있었어 분홍 실크 스카프를 목에 두른 그녀들은 출입구에서 연신 입가에 웃음을 모으고 누군가의 손을 잡고 고개를 끄덕거렸지 사람들이 기타를 들고 무지개 모자를 쓰고 들어왔어 그녀들이 아는 사람들은 모두 이곳으로 들어왔지 한낮의 태양처럼 타오르는 그녀들과 수증기처럼 맴도는 사람들의 관계는 몇 개의 단위로 나뉘었어 눈빛은 계절로 표시되었지 그녀들은 봄이 오기 전 늦겨울이라고 썼어 축하 케이크를 자른 그녀들은 행복이 무르익어야 해서 기타를 쳤지 그녀들의 목에서 나풀거리던 실크 스카프가 어색해질 때쯤 그 가득

했던 골목이 허무하게 느껴졌어 에어컨은 돌고 있는데 더

운 바람이 불어왔지

—「내겐 너무 많은 그녀들」 전문

　끝으로 이번 시집의 표제시 역할을 할 수 있는 작품을 함께 읽어 보자. 표제엔 '내겐'이란 소유격이 붙어 있다. 처음에는 타인에 대한 관찰이었는데, 사실 「축제는 끝났다」나 「밤들이 노니다가」와 같은 발상으로 제작된 작품도 있다. 어쨌든 시인은 '너무 많은 그녀들'을 향해 "한낮의 태양처럼 타오르는 그녀들과 수증기처럼 맴도는 사람들의 관계는 몇 개의 단위로 나뉘었어 눈빛은 계절로 표시되었지"라며 감탄의 눈빛을 감추지 않는다. 필자는 안유경 시인이 "에어컨은 돌고 있는데 더운 바람이" 부는 '골목'이나, 생생하지만 아픈 현실로 돌아오는 그 '골목'이 비록 어둑할지라도 조금 더 길었으면 좋겠다는 바람을 가져본다. 이때 시인은 오롯이 자신만을 향한 '아우라(Aura)'에 휩싸여 시간의 폭압으로부터 조금은 자유로워질 것이니 말이다.

문학의전당 시인선 **402**

내겐 너무 많은 그녀들

ⓒ 안유경

초판 1쇄 인쇄 2025년 11월 21일

초판 1쇄 발행 2025년 11월 28일

지은이 안유경

펴낸이 고영

디자인 헤이존

펴낸곳 문학의전당

출판등록 제448–251002012000043호

주소 충북 단양군 적성면 도곡파랑로 178

전화 043–421–1977

전자우편 sbpoem@naver.com

ISBN 979–11–5896–724–6 03810

＊이 시집은 2025년 강원특별자치도, 강원문화재단 후원으로
발간되었습니다.

강원특별자치도 강원문화재단
Gangwon Art & Culture FoundaiCion